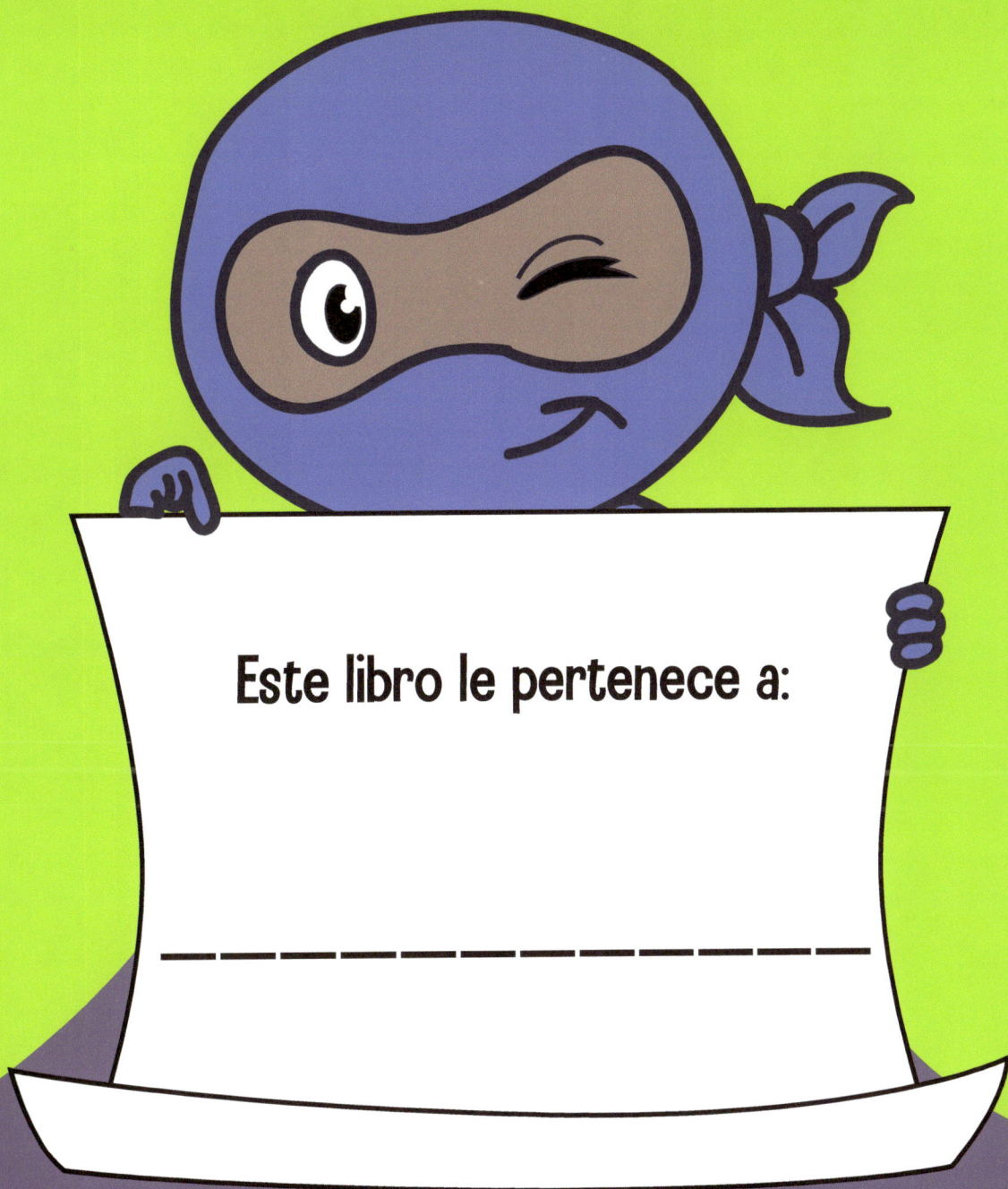

Este libro le pertenece a:

_ _ _ _ _ _ _ _ _ _ _ _ _ _ _

El Ninja Impulsivo

Por Mary Nhin

Mi hermana se estaba tomando su tiempo con el crayón rojo. Así que pacientemente le dije...

Cada vez que tuve un impulso de hacer o decir algo precipitado, me tomé el tiempo para pensar en lo que diría o haría a continuación.

Cuando mi hermana y yo estábamos luchando, me di cuenta de que lo estábamos haciendo en una zona donde posiblemente podríamos romper algunas cosas. Así que me detuve y le pedí que jugarámos en el suelo...

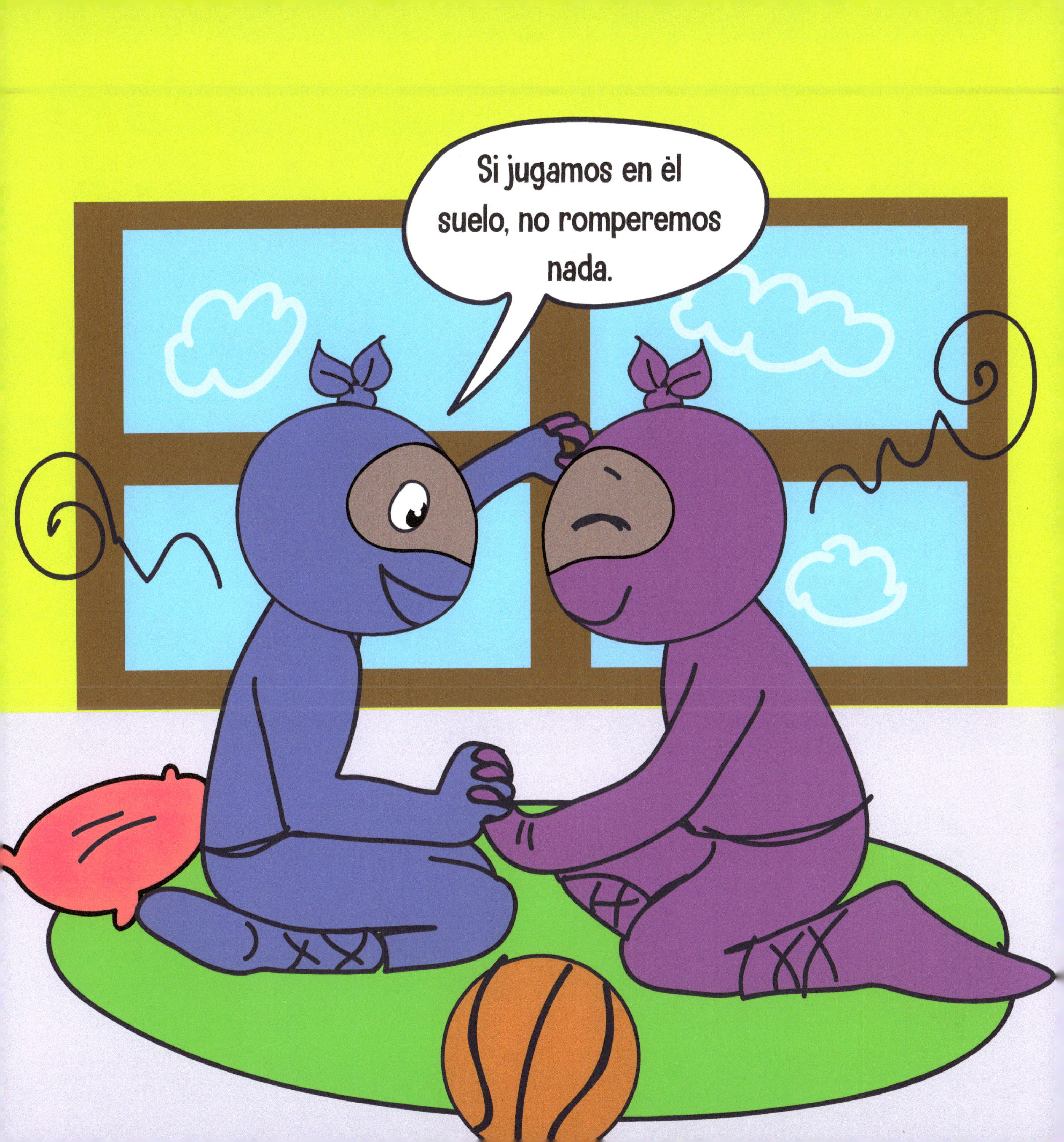
Si jugamos en él suelo, no romperemos nada.

Si estuviera respondiendo a alguien, me tomaría un momento para considerar cómo mis palabras podrían afectarlos.

Antes de hacer algo, pensaba en las consecuencias de mis acciones.

En el pasado, en lugar de detenerme pacientemente antes de responder, actuaba de forma muy diferente...

Por ejemplo, cuando mi hermana no me devolvió mis cosas, grité a todo pulmón. No quería gritarle a mi hermana y tirarle cosas, ¡pero estaba TAN ENOJADO!

Solía tomar más riesgos en otras áreas de mi vida...

¡Noooooo!

Hacía cosas inapropiadas para llamar la atención...

Y tenía problemas tomando turnos.

Una tarde, mientras el Ninja Paciente y yo estábamos codificando,
me sentí tan frustrado que golpeé la pantalla de mi computadora.

¿Qué pasó?
Estoy enojado.
Entiendo. ¿Pero ahora cómo terminarás tu codificación?
No sé...

Al día siguiente, decidí practicar mi nueva superpotencia. ¡Y realmente hizo una gran diferencia!

En la escuela, a pesar de que la Ninja Celosa me estaba haciendo enojar constantemente con un lápiz, elegí hacer una pausa. Después de respirar y pensar, en lugar de empujar o patear la silla, cortésmente le pedí a la Ninja Celosa que parara.

En el patio de recreo, no exigí ser el primero en tener la pelota.

Antes de reaccionar impulsivamente, consideraría las consecuencias de mis acciones para poder tomar una mejor decisión.

Me gustó mucho cómo la gente me respondió cuando practiqué mi superpoder de pausa. Pero sobre todo, me gustó cómo me hizo sentir muy bien acerca de mis decisiones.

El recordar practicar tu superpoder de pausa podría ser tu arma secreta para mantener a raya los comportamientos impulsivos.

¡Visita ninjalifehacks.tv para obtener imprimibles divertidos gratis!

@marynhin   @officialninjalifehacks
#NinjaLifeHacks

Mary Nhin   Ninja Life Hacks

Ninja Life Hacks

@officialninjalifehacks

www.ingramcontent.com/pod-product-compliance
Lightning Source LLC
Chambersburg PA
CBHW042024090426
42811CB00016B/1731